Edith Södergran: Selected Poems of 1916

Translated by David Barrett

Published by David Barrett
contact via www.onlineclarity.co.uk

English translation and translator's note copyright © David J. C. Barrett, 2011
All rights reserved

The translator asserts his moral rights.

Paperback ISBN 978-1-5177-8141-5

Also available as a Kindle ebook, ASIN B005FNGAUQ

Contents

Translator's Note   5

Poems

My soul	9
Early dawn	11
Words	13
Evening	15
A wish	17
A captive bird	19
The day cools...	21
Love	25
The song on the mountain	27
Autumn	29
Autumn days	31
Pale autumn lake	33
Nocturne	35
The stars	37
Black or white	39
Our sisters walk in colourful clothes...	41
The forest's fair daughter	43
Two goddesses	45
The last of autumn's flowers	47
Pain	49
Life's sister	53
To all four winds	55

Starry night	57
Hell	59
Nordic spring	61
In the window is a candle	63
The old house	65
You who never left your garden room...	67
Two poems on a shore	69
Lilliput	71
I	73
The mirroring well	75

Translator's Note

Edith Södergran published her first collection of poetry (*Dikter* — Poems) in 1916. Of the 64 poems in that volume 32 are presented here. I have selected the poems I find more interesting, and I have tried to translate them so they read something like poetry in English, rather than flattening them completely into prose. It serves neither the reader of a translation nor the poet if the former has no idea why the latter considered her creation a poem.

D.J.C.B., August 2011

Poems

Min själ

Min själ kan icke berätta och veta någon sanning,
min själ kan endast gråta och skratta och vrida sina
    händer;
min själ kan icke minnas och försvara,
min själ kan icke överväga och bekräfta.
När jag var ett barn såg jag havet: det var blått,
i min ungdom mötte jag en blomma: hon var röd,
nu sitter vid min sida en främling: han är utan färg,
men jag är icke mera rädd för honom än jungfrun var
    för draken.
När riddaren kom var jungfrun röd och vit,
men jag har mörka ringar under ögonen.

My soul

My soul cannot speak or grasp any truth,
my soul can only cry and laugh and wring its hands;
my soul cannot remember or defend,
my soul cannot consider or confirm.
When I was a child I saw the sea: it was blue;
in my youth I met a flower: she was red;
now a stranger sits by my side: he has no colour,
but I fear him no more than the maiden feared the
    dragon.
When the knight came the maiden was red and white,
but I have dark rings under my eyes.

Tidig gryning

Några sista stjärnor lysa matt.
Jag ser dem ur mitt fönster. Himlen är blek,
man anar knappast dagen som börjar i fjärran.
Det vilar en tystnad utbredd över sjön,
det ligger en viskning på lur mellan träden,
min gamla trädgård lyssnar halvförstrött
till nattens andetag, som susa över vägen.

Early dawn

A few last stars shine faintly.
I see them from my window. The sky is pale,
barely hinting the day that begins in the distance.
A silence rests, spread out over the lake,
a whispering lurks among the trees,
my old garden listens half-distracted
to the breath of night sighing over the way.

Ord

Varma ord, vackra ord, djupa ord...
De äro som doften av en blomma i natten
den man icke ser.
Bakom dem lurar den tomma rymden...
Kanske de äro den ringlande röken
från kärlekens varma härd?

Words

Warm words, beautiful words, profound words...
They are like the fragrance of a flower unseen in the
 night.
Behind them lurks empty space...
Perhaps they are the curling smoke
from love's warm hearth?

Kväll

Jag vill ej höra den sorgsna sagan
skogen berättar.
Det viskar ännu länge mellan granarna,
det suckar ännu länge uti löven,
ännu länge glida skuggor mellan de dystra stammarna.
Kom ut på vägen. Där möter oss ingen.
Kvällen drömmer blekröd kring tigande dikesren.
Vägen löper långsamt och vägen stiger varligt
och ser sig länge om efter solens sken.

Evening

I don't want to hear the mournful tale
the forest tells.
Long will it whisper among the spruces,
long will it sigh in the leaves,
long will the shadows glide between sombre trees.
Come out onto the path. There no one will meet us.
The evening dreams pale red round silent verges.
The path runs slowly and the path climbs gently
and long seeks out the shine of the sun.

En önskan

Av hela vår soliga värld
önskar jag blott en trädgårdssoffa
där en katt solar sig...
Där skulle jag sitta
med ett brev i barmen,
ett enda litet brev.
Så ser min dröm ut...

A wish

From our whole sunlit world
I want only a garden couch
where a cat basks...
There I would sit
with a letter by my breast,
a solitary, short letter.
Such is my dream...

En fången fågel

En fågel satt fången i en gyllene bur
i ett vitt slott vid ett djupblått hav.
Smäktande rosor lovade vällust och lycka.
Och fågeln sjöng om en liten by högt uppe i bergen,
där solen är konung och tystnaden drottning
och där karga små blommor i lysande färger
vittna om livet, som trotsar och består.

A captive bird

A bird sat captive in a golden cage
in a white castle by a deep-blue sea.
Bursting roses promised passion and bliss.
And the bird sang of a little village high in the
    mountains,
where the sun is king and silence queen
and where tiny meagre flowers in shining colours
tell of life, which braves and endures.

Dagen svalnar...

I

Dagen svalnar mot kvällen...
Drick värmen ur min hand,
min hand har samma blod som våren.
Tag min hand, tag min vita arm,
tag mina smala axlars längtan...
Det vore underligt att känna,
en enda natt, en natt som denna,
ditt tunga huvud mot mitt bröst.

II

Du kastade din kärleks röda ros
i mitt vita sköte —
jag håller fast i mina heta händer
din kärleks röda ros som vissnar snart...
O du härskare med kalla ögon,
jag tar emot den krona du räcker mig,
som böjer ned mitt huvud mot mitt hjärta...

The day cools...

I

The day cools towards evening...
Drink the warmth from my hand,
my hand has the same blood as spring.
Take my hand, take my white arm
take my slender shoulders' longing...
How wondrous it would be,
one single night, a night like this,
to feel your heavy head on my breast.

II

You threw your love's red rose
into my white embrace —
I hold fast in my hot hands
your love's red rose that soon withers...
O king with cold eyes,
I take that crown you offer me,
that bows down my head to my heart...

III

Jag såg min herre för första gången i dag,
darrande kände jag genast igen honom.
Nu känner jag ren hans tunga hand på min lätta arm...
Var är mitt klingande jungfruskratt,
min kvinnofrihet med högburet huvud?
Nu känner jag ren hans fasta grepp om min skälvande
    kropp,
nu hör jag verklighetens hårda klang
mot mina sköra sköra drömmar.

IV

Du sökte en blomma
och fann en frukt.
Du sökte en källa
och fann ett hav.
Du sökte en kvinna
och fann en själ —
du är besviken.

III

I saw my lord the first time today;
trembling, I recognised him at once.
Already now I feel his heavy hand on my light arm...
Where is my ringing maiden's laughter,
my woman's freedom, head held high?
Already now I feel his tight grasp round my shaking
    body,
now I hear the harsh toll of reality
against my frail fragile dreams.

IV

You sought a flower
and found a fruit.
You sought a well-spring
and found a sea.
You sought a woman
and found a soul —
you are disappointed.

Kärlek

Min själ var en ljusblå dräkt av himlens färg;
jag lämnade den på en klippa vid havet
och naken kom jag till dig och liknade en kvinna.
Och som en kvinna satt jag vid ditt bord
och drack en skål med vin och andades in doften av
  några rosor.
Du fann att jag var vacker och liknade något du sett i
  drömmen,
jag glömde allt, jag glömde min barndom och mitt
  hemland,
jag visste endast att dina smekningar höllo mig fången.
Och du tog leende en spegel och bad mig se mig själv.
Jag såg att mina skuldror voro gjorda av stoft och
  smulade sig sönder,
jag såg att min skönhet var sjuk och hade ingen vilja än
  — försvinna.
O, håll mig sluten i dina armar så fast att jag ingenting
  behöver.

Love

My soul was a pale-blue gown, the colour of the sky;
I left it on a rock by the sea
and naked I came to you, and like a woman.
And as a woman I sat at your table
and drank a toast with wine and breathed the scent of
  roses.
You thought I was beautiful and like something you
  had seen in dreams;
I forgot everything; I forgot my childhood and my
  homeland,
I knew only that your caresses held me captive.
And you, smiling, took a mirror and bade me see
  myself.
I saw my shoulders were made of ashes and turning to
  dust;
I saw my beauty was sick, with no wish but to vanish.
Oh wrap me so tight in your arms I want for nothing.

Sången på berget

Solen gick ned över havets skum och stranden sov
och uppe på bergen stod någon och sjöng...
När orden föllo i vattnet voro de döda...
Och sången försvann bakom tallarna och skymningen
 förde den med sig.
När allt var tyst, tänkte jag blott
att där låg hjärteblod på den kvällskumma klippan,
jag anade dunkelt att sången var
om något som aldrig återvänder.

The song on the mountain

The sun went down over the sea's spray and the shore
    slept,
and up in the mountains someone stood singing...
When the words fell in the water they were dead...
And the song vanished behind the pines and the
    twilight carried it away.
When all was quiet I thought only
that a heart's blood lay there on the dusky rock;
I dimly understood that the song was
of something that never returns.

Höst

De nakna träden står omkring ditt hus
och släppa in himmel och luft utan ända,
de nakna träden stiga ned till stranden
och spegla sig i vattnet.
Än leker ett barn i höstens gråa rök
och en flicka går med blommor i handen
och vid himlaranden
flyga silvervita fåglar upp.

Autumn

The bare trees stand round your house
and let in sky and air without end;
the bare trees descend to the shore
and are mirrored in the water.
Still a child plays in the grey mist of autumn
and a girl walks with flowers in her hand
and at the limit of the sky
silver-white birds ascend.

Höstens dagar

Höstens dagar äro genomskinliga
och målade på skogens gyllne grund...
Höstens dagar le åt hela världen.
Det är så skönt att somna utan önskan,
mätt på blommorna och trött på grönskan,
med vinets röda krans vid huvudgärden...
Höstens dag har ingen längtan mer,
dess fingrar äro obevekligt kalla,
i sina drömmar överallt den ser,
hur vita flingor oupphörligt falla...

Autumn days

Autumn days are transparent
and painted on the forest's golden floor...
Autumn days smile at the world entire.
How sweet, to sleep without wishes,
full-up with flowers and tired of verdure,
resting a head by the wreath of the red vine...
This autumn day has lost its longing,
its fingers are incurably cold,
and in its dreams it sees everywhere
white flakes that ceaselessly fall...

Höstens bleka sjö

Höstens bleka sjö
tunga drömmar drömmer
om en vårvit ö
som sjönk i havet.

Höstens bleka sjö,
hur din krusning gömmer,
hur din spegel glömmer
dagar som dö.

Höstens bleka sjö
bär sin höga himmel lätt och tyst,
såsom liv och död i ett ögonblick
i en somnad våg varandra kysst.

Pale autumn lake

Pale autumn lake
dreams heavy dreams
of a spring-white island
that sank in the sea.

Pale autumn lake
how your ripple conceals,
how your mirror forgets
days that die.

Pale autumn lake
bears its high heaven easy and quiet,
as life and death in an instant
kissed in a sleeping wave.

Nocturne

Silverskira månskenskväll,
nattens blåa bölja,
glittervågor utan tal
på varandra följa.
Skuggor falla över vägen,
strandens buskar gråta sakta,
svarta jättar strandens silver vakta.
Tystnad djup i sommarens mitt,
sömn och dröm, —
månen glider över havet
vit och öm.

Nocturne

Silvered veil of evening moon,
night that billows blue,
spark the crest of countless waves
chaining ever new.
Shadows fall over pathways,
bushes by the shore softly weep,
black giants watch the shore's silver keep.
Midsummer silence deep,
in sleep and dream the night —
the moon glides over the sea
tender and white.

Stjärnorna

När natten kommer
står jag på trappan och lyssnar,
stjärnorna svärma i trädgården
och jag står ute i mörkret.
Hör, en stjärna föll med en klang!
Gå icke ut i gräset med bara fötter;
min trädgård är full av skärvor.

The stars

When night comes
I stand on the steps and listen;
the stars cluster in the garden
and I stand, out in the darkness.
Listen, a star fell with a crash!
Do not walk out in the grass with bare feet,
my garden is full of splinters.

Svart eller vit

Floderna löpa under broarna,
blommorna lysa vid vägarna,
skogarna böja sig susande till marken.
För mig är intet mera högt eller lågt,
svart eller vitt,
sen jag har sett en vitklädd kvinna
i min älskades arm.

Black or white

The rivers run beneath the bridges,
the flowers gleam by the waysides,
the forests bow whispering down to the ground.
To me nothing is high or low any more,
black or white,
since I saw a white-dressed woman
in my beloved's arms.

Våra systrar gå i brokiga kläder...

Våra systrar gå i brokiga kläder,
våra systrar stå vid vattnet och sjunga,
våra systrar sitta på stenar och vänta,
de hava vatten och luft i sina korgar
och kalla det blommor.
Men jag slår mina armar kring ett kors
och gråter.
Jag var en gång så mjuk som ett ljusgrönt blad
och hängde högt uppe i den blåa luften,
då korsades två klingor i mitt inre
och en segrare förde mig till sina läppar.
Hans hårdhet var så öm att jag icke gick sönder,
han fäste en skimrande stjärna vid min panna
och lämnade mig skälvande av tårar
på en ö som heter vinter. —

Our sisters walk in colourful clothes...

Our sisters walk in colourful clothes,
our sisters stand by the water and sing,
our sisters sit on the stones and wait,
they have water and air in their baskets
and call them flowers.
But I throw my arms round a cross
and weep.
Once I was soft as a pale-green leaf
and hung high up in the blue air,
when two swords crossed within me
and a victor led me to his lips.
His harshness was so tender I did not break,
he fixed a shimmering star to my brow
and left me shaking with tears
on an island called winter...

Skogens ljusa dotter

Var det ej i går
då skogens ljusa dotter firade sitt bröllop
och alla voro glada?
Hon var den lätta fågeln och den ljusa källan,
hon var den hemliga vägen och den skrattande busken,
hon var den druckna och orädda sommarnatten.
Hon var oblyg och skrattade utan måtta,
ty hon var skogens ljusa dotter;
hon hade lånat gökens instrument
och vandrade spelande från sjö till sjö.

När skogens ljusa dotter firade sitt bröllop,
fanns ingen olycklig på jorden:
skogens ljusa dotter är fri från längtan,
hon är blond och stillar alla drömmar,
hon är blek och väcker alla begär.
När skogens ljusa dotter firade sitt bröllop,
stodo granarna så nöjda på den sandiga kullen
och tallarna så stolta på den stupande branten
och enarna så glada på den soliga sluttningen
och de små blommorna hade alla vita kragar.
Då fällde skogarna sina frön i människornas hjärtan,
de glimmande sjöarna summo i deras ögon
och de vita fjärlarna fladdrade oupphörligen förbi.

The forest's fair daughter

Was it not yesterday
when the forest's fair daughter wed
and everyone was happy?
She was the light bird and the bright spring,
she was the secret path and the laughing bush,
she was the drunken, fearless summer night.
She was shameless and laughed without measure,
for she was the forest's fair daughter;
she had borrowed the instrument of the cuckoo
and wandered playing from lake to lake.

When the forest's fair daughter wed,
no one on earth was unhappy:
the forest's fair daughter is free from longing,
she is blonde and stills all dreams,
she is pale and rouses all desire.
When the forest's fair daughter wed,
the spruces stood so content on the sandy hill
and the pines so proud on the steep precipice
and the junipers so happy on the sunny slope
and the little flowers all had white collars.
That was when the forests dropped their seeds into the hearts of men,
glittering lakes swam in their eyes
and white butterflies fluttered ceaselessly by.

Två gudinnor

När du såg lyckans ansikte, blev du besviken:
denna soverska med slappa drag,
var hon den mest tillbedda och den oftast omnämnda,
den minst kända av alla gudinnor,
hon som härskar över de vindstilla haven,
de blommande trädgårdarna, de ändlösa
    solskensdagarna,
och du beslöt att aldrig tjäna henne.

Närmare trädde dig åter smärtan med djupet i ögonen,
den aldrig åkallade,
den mest kända och minst förstådda av alla gudinnor,
hon som härskar över de stormiga haven och de
    sjunkande skeppen,
över de fångna för livet,
och över de tunga förbannelser som vilar med barnen i
    mödrarnas sköten.

Two goddesses

When you saw the face of happiness you were
    disappointed:
this sleeper with slack features,
she was the most worshipped and oftest mentioned,
the least felt of all goddesses,
she who reigns over halcyon oceans,
flowering gardens and endless sunlit days,
and you resolved never to serve her.

Pain stepped nearer you once more, the depths in her
    eyes,
the one who is never invoked,
the most felt and least understood of all goddesses,
she who reigns over stormy seas and sinking ships,
over eternal captives,
and over the heavy curses that lie on children in their
    mothers' wombs.

Höstens sista blomma

Jag är höstens sista blomma.
Jag blev vaggad uti sommarens vagga,
jag blev ställd på vakt mot nordens vind,
röda flammor slogo ut
på min vita kind.
Jag är höstens sista blomma.
Jag är den döda vårens yngsta frö,
det är så lätt att som den sista dö;
jag har sett sjön så sagolik och blå,
jag hört den döda sommarens hjärta slå,
min kalk bär intet annat frö än dödens.

Jag är höstens sista blomma.
Jag har sett höstens djupa stjärnevärldar,
jag skådat ljus från fjärran varma härdar,
det är så lätt att följa samma väg,
jag skall stänga dödens portar.
Jag är höstens sista blomma.

The last of autumn's flowers

I am the last of autumn's flowers.
I was rocked in summer's crib,
to the north wind my watch was turned,
on my white cheek
the red flames burned.
I am the last of autumn's flowers
I am the dead spring's youngest seed,
I am the last, of course, to take my leave;
I have seen the sea so fabulous and blue,
I heard the dead summer's heart beat true,
my cup bears none but the seed of death.

I am the last of autumn's flowers
I have seen the autumn's deep star-worlds,
I beheld light from warm distant hearths,
of course, I follow the same path,
I shall close the doors of death.
I am the last of autumn's flowers.

Smärtan

Lyckan har inga sånger, lyckan har inga tankar, lyckan
 har ingenting.
Stöt till din lycka att hon går sönder, ty lyckan är ond.
Lyckan kommer sakta med morgonens susning i
 sovande snår,
lyckan glider undan i lätta molnbilder över djupblå
 djup,
lyckan är fältet som sover i middagens glöd
eller havets ändlösa vidd under baddet av lodräta
 strålar,
lyckan är maktlös, hon sover och andas och vet av
 ingenting...
Känner du smärtan? Hon är stark och stor med hemligt
 knutna nävar.
Känner du smärtan? Hon är hoppfullt leende med
 förgråtna ögon.
Smärtan ger oss allt vad vi behöva —
hon ger oss nycklarna till dödens rike,
hon skjuter oss in genom porten, då vi ännu tveka.
Smärtan döper barnen och vakar med modern
och smider alla de gyllene bröllopsringarna.
Smärtan härskar över alla, hon slätar tänkarens panna,
hon fäster smycket kring den åtrådda kvinnans hals,
hon står i dörren när mannen kommer ut från sin
 älskade...

Pain

Happiness has no songs, happiness has no thoughts,
    happiness has nothing.
Pound your happiness so she breaks, for happiness is
    wicked.
Happiness comes gently with the whisper of morning
    in sleeping thickets,
happiness glides away in the light figures of clouds
    over deep-blue depths,
happiness is the field that sleeps in the midday glow
or the sea's endless breadth, bathed in vertical rays;
happiness is powerless, she sleeps and breathes and
    knows of nothing...
Do you know pain? She is strong and grand with
    secretly clenched fists.
Do you know pain? She smiles hopefully with cried-
    out eyes.
Pain gives us everything we need —
she gives us the keys to the realm of the dead,
she shunts us in through the door when we hesitate
    still.
Pain christens children and keeps watch with mothers
and forges all the golden wedding rings.
Pain is mistress of everything; she smoothes the
    creases from the thinker's brow,
she fastens the jewels round the neck of the coveted
    woman,
she stands in the doorway as the man departs his
    beloved...

Vad är det ännu smärtan ger åt sina älsklingar?
Jag vet ej mer.
Hon ger pärlor och blommor, hon ger sånger och
 drömmar,
hon ger oss tusen kyssar som alla äro tomma,
hon ger den enda kyssen som är verklig.
Hon ger oss våra sällsamma själar och besynnerliga
 tycken,
hon ger oss alla livets högsta vinster:
kärlek, ensamhet och dödens ansikte.

What else does pain give her darlings?
I know nothing more.
She gives pearls and flowers, she gives songs and
    dreams,
she gives us a thousand kisses that all are empty,
she gives the only kiss that is real.
She gives us our singular souls and peculiar fancies,
she gives us all life's greatest prizes:
love, solitude, and the face of death.

Livets syster

Livet liknar döden mest, sin syster.
Döden är icke annorlunda,
du kan smeka henne och hålla hennes hand och släta
 hennes hår,
hon skall räcka dig en blomma och le.
Du kan borra in ditt ansikte i hennes bröst
och höra henne säga: det är tid att gå.
Hon skall icke säga dig att hon är en annan.
Döden ligger icke grönvit med ansiktet mot marken
eller på rygg på en vit bår:
döden går omkring med skära kinder och talar med alla.
Döden har veka drag och fromma kinder,
på ditt hjärta lägger hon sin mjuka hand.
Den som känt den mjuka handen på sitt hjärta,
honom värmer icke solen,
han är kall som is och älskar ingen.

Life's sister

Most of all, life is like death, her sister.
Death is no different —
you can caress her and hold her hand and smooth her
    hair,
she'll offer you a flower and smile.
You can burrow your face in her breast
and hear her say: it's time to go.
She won't let on she's someone else.
Death doesn't lie on the ground, green-white mottled,
    face down,
or face up, on a white bier:
death goes around with pink cheeks and talks to
    everyone.
Death has a tender face with cherub's cheeks,
she lays her soft hand on your heart.
The sun doesn't warm the one
who's felt that soft hand on his heart;
he's cold as ice and loves no one.

Mot alla fyra vindar

Ingen fågel förflyger sig hit i min undanskymda vrå,
ingen svart svala som bringar längtan,
ingen vit mås som bebådar storm...
I klippors skugga håller min vildhet vakt,
färdig att fly för minsta rassel, för nalkande steg...
Ljudlös och blånande är min värld, den saliga...
Jag har en port mot alla fyra vindar.
Jag har en gyllene port mot öster — för kärleken som
    aldrig kommer,
jag har en port för dagen och en annan för vemodet,
jag har en port för döden — den står alltid öppen.

To all four winds

No bird's flight strays here, to my distant corner,
no black swallow bringing longing,
no white gull that heralds a storm...
In the shadow of the rocks my untamedness keeps
 watch,
ready to flee at the least rustle, at any approaching
 step...
Silent, my blessèd world grows blue...
I have a door to all the four winds.
I have a golden door to the east — for love that never
 comes,
I have a door for the day and another for wistfulness,
I have a door for death; that always stands open.

Stjärnenatten

Onödigt lidande,
onödig väntan,
världen är tom som ditt skratt.
Stjärnorna falla —
kalla och härliga natt.
Kärleken ler under sömnen,
kärleken drömmer om evighet...
Onödig fruktan, onödig smärta,
världen är mindre än ingenting,
ned i djupet glider från kärlekens hand
evighetens ring.

Starry night

Needless suffering,
needless waiting,
the world is empty as your laughter.
The stars fall —
cold, glorious night.
Love smiles in its sleep,
love dreams of eternity...
Needless terror, needless pain,
the world is less than nothing;
down into the deep from love's hand
slips eternity's ring.

Helvetet

O vad helvetet är härligt!
I helvetet talar ingen om döden.
Helvetet är murat i jordens innandöme
och smyckat med glödande blommor...
I helvetet säger ingen ett tomt ord...
I helvetet har ingen druckit och ingen har sovit
och ingen vilar och ingen sitter stilla.
I helvetet talar ingen, men alla skrika,
där äro tårar icke tårar och alla sorger äro utan kraft.
I helvetet blir ingen sjuk och ingen tröttnar.
Helvetet är oföränderligt och evigt.

Hell

Oh, hell is glorious!
In hell nobody speaks of death.
Hell is built in the bowels of the earth
and adorned with white-hot flowers...
In hell no one says an empty word...
In hell no one has drunk and none has slept
and no one rests and none sits still.
In hell no one speaks, but everyone screams,
there tears are not tears and all sorrows are powerless.
In hell none grows sick and no one tires.
Hell is unchangeable and eternal.

Nordisk vår

Alla mina luftslott ha smultit som snö,
alla mina drömmar ha runnit som vatten,
av allt vad jag älskat har jag endast kvar
en blå himmel och några bleka stjärnor.
Vinden rör sig sakta mellan träden.
Tomheten vilar. Vattnet är tyst.
Den gamla granen står vaken och tänker
på det vita molnet, han i drömmen kysst.

Nordic spring

All my castles in the air have melted like snow,
all my dreams have flowed like water,
of all I have loved remains only
a blue sky and some faint stars.
The wind stirs soft among the trees.
Emptiness rests. The water is silent.
The old spruce stands awake and thinks
of the white cloud he's kissed in his dream.

I fönstret står ett ljus

I fönstret står ett ljus,
som långsamt brinner
och säger att någon är död därinne.
Några granar tiga
kring en stig som stannar tvärt
i en kyrkogård i dimma.
En fågel piper —
vem är därinne?

In the window is a candle

In the window is a candle
that slowly burns
and tells that someone is dead within.
Spruce trees stand silent
round a path that ends abruptly
in a misty churchyard.
A bird twitters,
who is within?

Det gamla huset

Hur nya ögon se på gamla tider
likt främlingar som intet hjärta ha...
Jag längtar bort till mina gamla gravar,
min sorgsna storhet gråter bittra tårar
dem ingen ser.
Jag lever kvar i gamla dagars ljuvhet
bland främlingar som bygga nya städer
på blåa kullar upp till himlens rand,
jag talar sakta med de fågna träden
och tröstar dem ibland.
Hur långsamt tiden tingens väsen tär,
och ljudlöst trampar ödets hårda häl.
Jag måste vänta på den milda döden
som bringar frihet åt min själ!

The old house

How new eyes look on old times,
like strangers without a heart...
I long to get away to my old tombs,
my sorrowful grandeur cries bitter tears
that no one sees.
I live in the sweetness of days gone by,
among strangers who build new cities
on blue hills, up to the edge of the sky;
I speak softly with the captive trees
and console them sometimes.
How slowly time consumes the essence of things,
and fate's hard heel tramples silently.
I must wait for gentle death
which brings freedom for my soul!

Du som aldrig gått ut ur ditt trädgårdsland...

Du som aldrig gått ut ur ditt trädgårdsland,
har du nånsin i längtan vid gallret stått
och sett hur på drömmande stigar
kvällen förtonat i blått?

Var det icke en försmak av ogråtna tårar
som liksom en eld på din tunga brann,
när över vägar du aldrig gått
en blodröd sol försvann?

*You who never left your
garden room...*

You who never left your garden room,
did you ever stand in longing by its frame
and see among the dreaming paths
how evening fades into blue?

Was it a foretaste of unwept tears
that burn on your tongue like a flame,
as a blood-red sun goes down
over roads you never knew?

Två stranddikter

I

Mitt liv var så naket
som de gråa klipporna,
mitt liv var så kallt
som de vita höjderna,
men min ungdom satt med heta kinder
och jublade: solen kommer!
Och solen kom och naken låg jag
den långa dagen på de gråa klipporna —
det kom en kall fläkt från det röda havet:
solen går ned!

II

Mellan gråa stenar
ligger din vita kropp och sörjer
över dagarna som komma och gå.
Sagorna, du hört som barn,
gråta i ditt hjärta.
Tystnad utan eko,
ensamhet utan spegel,
luften blånar genom alla springor.

Two poems on a shore

I

My life was bare
as the grey rocks,
my life was cold
as the white summits,
but my youth sat with hot cheeks
and rejoiced: the sun is coming!
And the sun came and I lay naked
the day long on the grey rocks;
a cool breeze came from the red sea:
the sun is setting!

II

Among grey stones
your white body lies, lamenting
the passing days.
The tales you heard as a child
weep in your heart.
Silence without echo,
solitude without mirror,
the air turns blue through every crevice.

Ur Liliputs saga

Äntligen steg den late upp —
han sänkte handen i varje blommas kalk,
han kände efter under varje blad,
han sökte den svarta masken för att döda honom.
Men när han sov i skuggan av ett grässtrå
åt den svarta masken upp hans huvud.
Tre kvinnor voro närvarande vid hans begravning:
hans syster grät; med henne var en danserska i
    gredelina slöjor,
hon kom för att bli sedd.
Allena gick en ung kvinna som han aldrig älskat.

Lilliput

Lazybones got up, at last.
His hand delved in the cup of every flower,
he felt under every leaf,
he was after the black worm:
he wanted to kill him.
But as he slept in the shadow of a grass blade
the black worm gobbled up his head.
Three women came to his funeral:
his sister cried; with her was a dancing girl in purple
 veils,
who came only to be seen.
Alone walked a young woman he'd never loved.

Jag

Jag är främmande i detta land,
som ligger djupt under det tryckande havet,
solen blickar in med ringlande strålar
och luften flyter mellan mina händer.
Man sade mig att jag är född i fångenskap —
här är intet ansikte som vore mig bekant.
Var jag en sten, den man kastat hit på bottnen?
Var jag en frukt, som var för tung för sin gren?
Här ligger jag på lur vid det susande trädets fot,
hur skall jag komma upp för de hala stammarna?
Däruppe mötas de raglande kronorna,
där vill jag sitta och speja ut
efter röken ur mitt hemlands skorstenar...

I

I am a stranger in this land,
that lies deep beneath the oppressing sea;
the sun glances in with curving beams
and the air flows between my hands.
I was told I was born in captivity —
there would be no face familiar to me here.
Was I a stone thrown to the bottom?
Was I a fruit grown too heavy for its bough?
Here I lie in wait by the foot of the whispering tree;
how shall I ascend the slippery trunks
up to the swaying canopies
where I will sit and watch
for the smoke from my homeland's chimneys?

Den speglande brunnen

Ödet sade: vit skall du leva eller röd skall du dö!
Men mitt hjärta beslöt: röd skall jag leva.
Nu bor jag i landet, där allt är ditt,
döden träder aldrig in i detta rike.
Hela dagen sitter jag med armen vilande på brunnens marmorrand,
när man frågar mig, om lyckan varit här,
skakar jag på huvudet och ler:
lyckan är långt borta, där sitter en ung kvinna och sömmar ett barnatäcke,
lyckan är långt borta, där går en man i skogen och timrar sig en stuga.
Här växer röda rosor kring bottenlösa brunnar,
här spegla sköna dagar sina leende drag
och stora blommor förlora sina skönaste blad...

The mirroring well

Fate said: live white or die red!
But my heart resolved: I will live red.
Now I dwell in the land where all is yours,
death never encroaches this realm.
All day I sit with my arms resting on the marble edge
    of the well;
when you ask, if happiness has been here,
I shake my head and smile:
happiness is far away, where a young woman sits
    sewing a child's blanket,
happiness is far away, where a man walks in a wood
    and builds himself a cabin.
Here red roses grow round bottomless wells,
here the smiles of beautiful days are reflected
and big flowers lose their most beautiful petals...

Printed in Great Britain
by Amazon